LOS BARCOS DE RESCATE

POR LORI DITTMER

CREATIVE EDUCATION

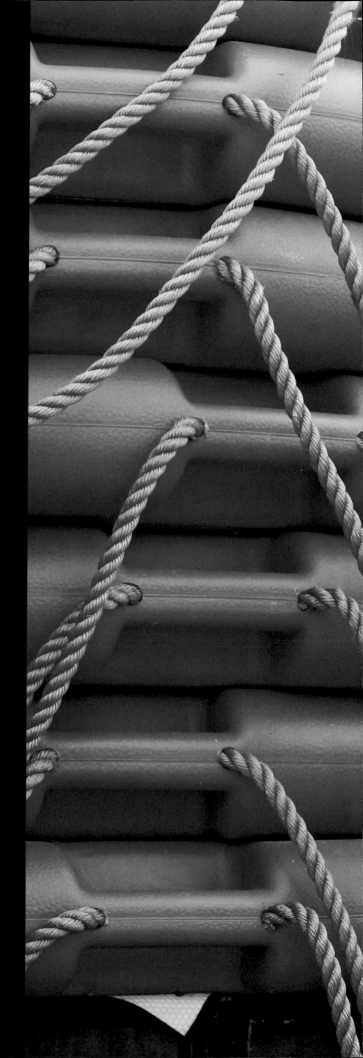

Publicado por Creative Education
P.O. Box 227, Mankato, Minnesota 56002
Creative Education es una marca
editorial de The Creative Company
www.thecreativecompany.us

Diseño de The Design Lab
Producción de Dana Cheit
Dirección de arte de Rita Marshall
Traducción de TRAVOD, www.travod.com
Impreso en los Estados Unidos de América

Fotografías de Alamy (Paul Bock, DBURKE, David Osborn), Dreamstime
(Fotomicar, Seagames50, Egon Zitter), Getty Images (Rick Friedman/
Corbis Historical), iStockphoto (Andyteight, ilbusca, nicolamargaret,
Photobos), Shutterstock (daseaford, deepspace, Scanrail1, silvergull)

Información del Catálogo de publicaciones de la Biblioteca
del Congreso is available under PCN 2018931120.
ISBN 978-1-64026-106-8 (library binding)

9 8 7 6 5 4 3 2 1

Tabla de contenido

En la década de 1900, los botes de rescate de madera comenzaron a motorizarse.

LOS barcos de rescate buscan personas en peligro. **Navegan** por ríos y lagos. Patrullan las líneas costeras y las **aguas abiertas**. Los primeros botes de rescate se hacían de madera. Los voluntarios los impulsaban a remo.

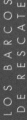
aguas abiertas agua que no está rodeada por tierra o hielo

navegar viajar usando una ruta planeada

Las embarcaciones con cascos llenos de aire, se conocen como Zodiacs.

En la actualidad, la mayoría de los botes tiene motor. Algunos tienen un **casco** lleno de aire. Otros tienen cascos duros o rígidos. Otros todavía usan una combinación.

casco el cuerpo principal de un barco, incluidos el fondo, los costados y la cubierta

Los pequeños botes de rescate pueden llevar sólo dos tripulantes. Ayudan a la gente en ríos o en áreas inundadas. Estos botes de fondo plano se mueven a través de aguas poco profundas sin encallar. También pueden buscar cerca de la costa.

El equipo de rescate está amarrado para que no se interponga en el camino.

Un vigía vigila cualquier cosa que pudiese entrar en el camino del bote.

Los barcos más grandes tienen **puentes de mando**. Tienen muchos tripulantes. Estos barcos se internan más en el mar. Pueden hacer frente a las olas fuertes y al mal tiempo. Los barcos de rescate grandes incluso pueden llevar botes más pequeños con ellos.

puentes de mando áreas cerradas en un bote o barco, donde se para una persona para dirigir

Encima de un barco de rescate hay un altavoz, luces, antenas y un escáner de radar.

La tripulación usa una radio para hablar con los barcos en problemas. También hablan con otros vehículos de rescate. Los equipos de **radar** y **sonar** muestran dónde están los barcos o personas en el agua.

radar un dispositivo que se usa para determinar la dirección, distancia y velocidad de los objetos

sonar un dispositivo que se usa para determinar la ubicación de los objetos, especialmente debajo del agua

Los tripulantes saben cómo rescatar a una persona del agua, de forma segura.

Un timonel dirige el barco. Otros tripulantes están entrenados para enfrentar **emergencias**. Podrían necesitar entrar al agua para salvar a alguien. Dan los **primeros auxilios** a los que están heridos.

emergencias situaciones peligrosas inesperadas que exigen acción inmediata

primeros auxilios ayuda que se brinda a un enfermo o herido, hasta tener disponible una asistencia médica completa

timonel la persona que dirige un barco y está a cargo de su tripulación

LOS barcos de rescate trabajan con otros vehículos de rescate. Los helicópteros los ayudan a buscar a las personas que están varadas. Los rescatan del agua. O los ayudan a escapar de un barco que se hunde. Los barcos de rescate llevan suministros, tales como mantas y comida.

Los helicópteros pueden llevar a los lesionados desde un barco de rescate hasta un hospital.

Algunos barcos de rescate combaten incendios. Bombean agua directamente desde el océano. Luego la rocían sobre el fuego. Los rompehielos chocan contra el hielo, para liberar a los barcos que están atrapados.

Los barcos que combaten incendios tienen poderosas bombas que disparan agua sobre el fuego.

LOS barcos de rescate salvan vidas. Si ves uno que está circulando por el agua a toda velocidad, ¡piensa en el increíble trabajo que hace!

Los barcos de rescate patrullan las líneas costeras y las aguas abiertas, para asegurarse de que las personas estén a salvo.

Modelo de barco de rescate

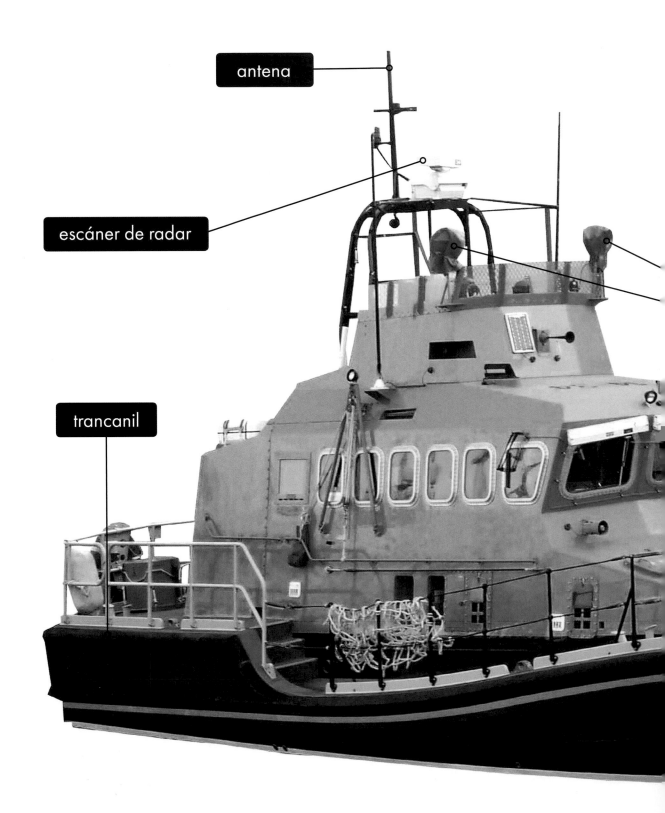

antena

escáner de radar

trancanil

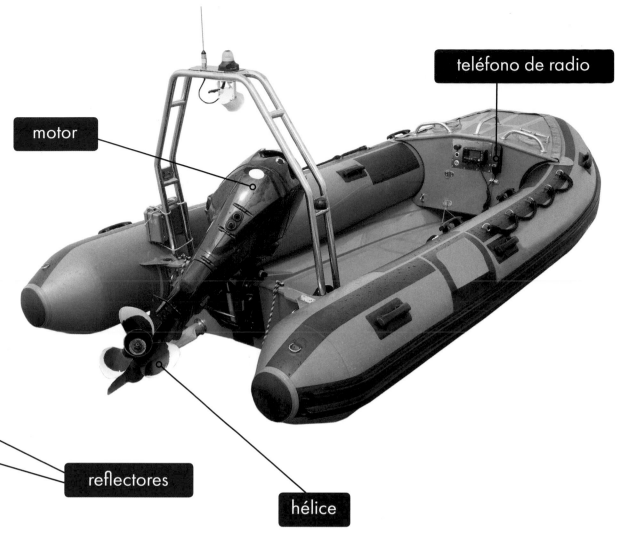

motor

teléfono de radio

reflectores

hélice

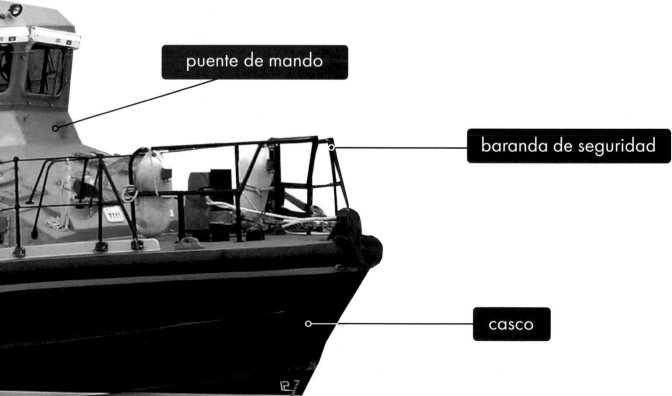

puente de mando

baranda de seguridad

casco

Índice